AF209402

Ihminen siellä jossain

Leena Nordfors

Ihminen siellä jossain

Runoja

© 2021 Nordfors, Leena

Kannen kuva: "Jossakin" Leena Nordfors, kuivapastelli
Kannen suunnittelu: Leena Nordfors
Sisuksen taitto: Leena Nordfors

Kustantaja: BoD – Books on Demand, Helsinki, Suomi
Valmistaja: BoD – Books on Demand, Norderstedt, Saksa
ISBN: 9789528043140

Sisällys

RUNON SYNTY

Sanat kuin jäniksen poikaset
sinne tänne syntyneet.
Ajatus niitä emona ruokkii.
Osa ei selviä
niin pienen pieniksi jäävät
Osa kasvaa ja vahvistuu
Runoina hyppivät
kirjavien kirjainten niityllä.

IHMINEN SIELLÄ JOSSAIN

Joskus
silmissä häivähdys valosta,
äännähdys,
ilme kasvoilla,
pään kallistus,
käden heilautus.
Kuoresi sisällä
kaikki kadotetut muistot.
Olet siellä jossain.
Ihminen.
Rakas.

IKÄVÄ

On minulla ikävä,
vaikka se ei näy.
Itkuinen sielu
ruokittuna
padotulla kyyneltulvalla.
Kädet tyhjää koskettavat.
Suruni huutaa
levottomassa unessa.
Odottaa niitä nopeita hetkiä,
jolloin unohdan viiltää
suruuni lisää kipua.
Ikävän sahateräinen veitsi
aina valmiustilassa.

A-B-C

A B C
mummo kiipeilee
keittiörappusilla yläkaapilleen.

D ja E
sieltä nostelee
parhaita astioita vierailleen.

F ja G
mummo putoilee
kovalle lattialle kyljelleen.

H I J
tästä varoiteltiin
ettei kurkottaisi taivaisiin.

K L M
sattuu enemmän
liikkuminen, siksi jää lattialle hän.

N O P
kuka soittelee
apua avuttoman tilanteeseen?
Q R S
lonkka murtui, KRÄTS!
Solisluu ja olkapääkin tuli kipeäks.

T U V
mummo itkee
kipua ja apua puhelimeen.

X ja Y
hetkeks pysähtyy
sairasauto, vilkkuvalo, mummo löytyy.

Å ja Ä
ei ole järkevää
ylhäällä astioita säilyttää.

Lopuksi Ö
Ihan töttöröö
sairaalassa mummo makaa,
sanoo vain PÖÖ!

TÄRKEÄ HENKILÖ

Henkilö, joka on tärkeä
(ylimmän johdon kärkeä),
antaa ohjeet vailla järkeä.
Niitä ei voi noudattaa,
ei mitenkään voi toteuttaa.

Noloja tilanteita aiheuttaa,
kun käskyjänsä jakaa
Henkilö Tärkeä
vailla järkeä.

Niin törkeä,
että päätäni alkoi särkeä.

NIMIEN VOIMA

Toivo niin epätoivoinen
Aamulla ilta viimeinen
Arvo raukka arvoton
Lahja, missä lahjasi on?
Rauha aina rauhaton
Taito täysin taidoton
Innoton nyt Into on
Maini ilman mainintaa
Kaihoa kaiho kaihertaa
Suvi keskellä kaamosta
Ilta aloittaa aamusta

Eila vain on
laktoositon.

JOULUVALMISTELUJA

Puhumaton laulaa
vanhoja joululauluja.
Eksynyt on lähdössä kyntämään
muistojen peltoa.
- Itketkö? Se kysyy
- Niiskutan vain joulunuhaa, vastaan.

Se riisuu paidat pois
kyntäessä tulee hiki paidan alle.
Sillä on viisi paitaa.
Mielenpelto ei ole koskaan jäässä.
Kyntää täytyy joka päivä.

Laulut sekoavat sanoissaan,
pelto odottaa kyntäjää.
Vieraat eivät tulleet tänä yönä.
Jouluna saamme syödä.
Miksi me olemme?

Niistän nenäni.
Laulan niin kauan,
että laulut väsyvät
ja pelto nukahtaa.

TASAPAINO

Seison hämärässä
pidän itseäni pystyssä
muuten kaadun
lattialle
tai sen alle
ehkä maadun.
Tasapaino tärähtää
maapallo kun pyörähtää.
Voi avaruuteen lennähtää,
jos reunan yli kierähtää.
Ei kestä siivettömän pää
ajatusta niin hirveää.

LÄHTÖASEMA

Lähtöasemalla
eripariset kengät väärissä jaloissa.
Odotetaan
kahvia, ruokaa,
isää ja äitiä,
junaa tai linja-autoa.
Töihin pitäisi mennä
metsähommiin ja
presidentin piiaksi.

Vainaja nukkuu rauhassa
pyhäpuvussaan.
Kravatti kaulassa
vähän vinossa.

PYHÄT PÄIVÄT

Pyhäpäivä.
Arkipyhä.
Pyhä päivä.
Pyhä pyhäpäivä
ja sitten taas arki.
Ankeaa
arkista juhlaa
jokainen päivä.
Kaikki päivät yhtä pyhiä
niille, jotka elävät.

EKSYNYT

Kuka olen sitten,
kun värit ovat haalistuneet,
kynät vailla käyttötarkoitusta,
sanat kadonneet,
kirjaimet tuntemattomat
ja langat vain tuntuma sormissa?

Olen eksynyt.
Anna tuttu asia
Auta turvaan
edes hetkeksi.

Laula vanhoja lauluja,
silitä poskea, hiuksia.
Pidä kädestä kiinni,
naura, kuin ymmärtäisit.
Lahjoita pieni tuokio
maailmasta, jossa elin
ja joka on vielä minussa.

SAATTO

Saatan sinut portille saakka,
Katsoin, kun avaat sen.
Kätelläänkö hyvästiksi
vai halataanko vielä
viimeisen kerran?
En tule mukaasi sisäpuolelle,
on vielä niin monta saateltavaa
samalle portille.

UNOHDETTU OPPI

Kahvikuppi ei osu suuhun
Kahvi loiskuu
leualle ja syliin.
Kädet tärisevät
aina vain enemmän,
vispaavat ilmaa kuohkeaksi.
Kuppi kaatuu pöydälle,
lusikka lennättää puuroa.
Keittoa on mahdoton syödä.
- Enkö ollut joskus
  jo oppinut tämän?

KEINOT

Sairaudesta en syytä ketään,
sille ei voi mitään.
Täytyy ymmärtää,
jaksaa etsiä ihminen
sieltä jostain
takaa ja alta.

Mahdottomuutta syytän,
keinojen vajavuutta.
Kun keinoja riittää
mutta mikään ei riitä
ei toimi
ei auta
ei helpota
ei pelasta.

Keinojen viidakossa
tarkkana
villin ihmisluonnon varalta.

LAPSI MEISSÄ KAIKISSA

Hoitaja herättelee
-   Älä säikähdä,
    vaihdetaan kuiva vaippa.

Nukkuva raottaa silmiään,
hymyilee puoliunessa.
Kääntyilee itse,
ei oikein jaksa,
hoitajat auttavat.

Käpertyy nukkumaan
toiselle kyljelle.
Puhdas vaippa,
pää tyynyllä.
Peitto hyvin päällä,
vuoteen laidat ylhäällä.
Hymyilee kauniita uniaan.

Meissä kaikissa asuu lapsi.
Yhdeksänkymmentävuotias
nukkuu kuin pienokainen.
Unihaalari ja vaippa,
poskilla ruusunpuna,
kiharainen pää tyynyn vieressä.

TUOKSUT

Suljetaan silmät.
Haistellaan ulkona kuivatun
pyykin tuoksua,
haistellaan kesää.

Aurinko lämmittää
muurahaiskekoa,
hiekkatietä,
järven rantavettä.

Pidetään silmät kiinni.
Ajatellaan
puhtaiden mattojen ja
saunavihdan tuoksua.

Miltä tuntuu nukkua
puhtaalle tuoksuvien
lakanoiden välissä
saunan jälkeen?

Ollaan hetki tässä
ikuisen kesän tuoksussa.

HAASTAVIA HETKIÄ

Minä vain odotan.
Lepertelen, että rauhoittuisit
ja antaisit jatkaa aamutoimia.
- *Syntinen huora, kyttäät vain persettä!*
Lyöt ja syljet.
Yöpaitaa ei saa riisua,
vaikka se on virtsasta märkä.
Hiuksesi ovat hohtavan valkoiset.

- *Painu helvettiin, kohta tulee turpiin!*
Yrität potkaista.
Sinulla on kauniit kasvonpiirteet.

Et suostu istumaan etkä jaksa seistä.
Olet kaatumaisillasi,
huudat, kun pidän sinua pystyssä.
- *Yrität kaataa minut!*
Upotat kyntesi käsivarteeni.
Kynsiesi alla on ulostetta.
Et suostu pesemään käsiäsi.
- *Etkö tiedä kuka olen, senkin mitätön paska?*
Sinulla on vielä sanavarastoa hyvin tallella.
- *Saatanan läskiperse kotka!*

Heität minua aamutossulla.
Tässä kuluu taas runsaasti aikaa,
jota ei ole tarpeeksi.
Päivällä hymysi on kaunis.

Joskus tekisi mieli lyödä takaisin.

PELKO

Sitä ei näe,
ei kuule.
Sen tuntee,
se on läsnä.

Pelko ajaa minua takaa.
En pääse pois,
vaikka kuinka yritän.

Armahtakaa!
Koti odottaa tyhjänä,
sitä pitää lämmittää.

Puita täytyy kantaa tupaan,
omenat kerätä,
kastella kukkapenkki
ja nostaa perunat pellosta.

Avatkaa ovi!
Päästäkää minut ulos!
Olen kadottanut avaimeni.
En kuulu tänne,
tulin vain käymään.
Miksi ovi on lukossa?
Perunat täytyy jo laittaa maahan.

KUKAAN EI KÄY

Odotit ovensuussa vieraita.
Kukaan ei ollut käynyt
pitkään aikaan.
Et muistanut eilistä vierailua.

Vanhempiasi odotit,
miestäsi ja pieniä lapsiasi.
Tuli vain vieraita ihmisiä,
valehtelijoita.

Kertoivat olevansa lapsia,
aikuiset ihmiset,
tuntemattomat.
- Etkö tunnista meitä?
Pitivät pilkkanaan.

Ajoit heidät tiehensä.
Huidoit.
Huusit.
Itkit pitkään
orpouttasi, lapsia,
sitä ettei kukaan tule
koskaan.

IHMISIÄ

Sinä ja minä
ihmisiä.
Molemmat
toisiamme tarvitsemme
vastavuoroisesti.
Pieniä asioita,
vaihtokauppaa.

Annan sinulle hymyn
ja saan sinun hymysi.
Vaihdamme
katseiden tuikintaa,
hiusten hipaisuja.
Laitetaan kämmenet yhteen
sormet sormien lomaan.
Samanlaiset kädet,
monta sormea molemmilla.

OLLAAN VAIN

Jokainen tulee
lähteäkseen pois.
Ei sitä ääneen sanota.
Ollaan yhdessä
lähtöön saakka.
Sitä aikaa ei ole
merkitty allakkaan.
Ollaan yhdessä,
kuin lähdön hetki
ei tulisi koskaan.

VOIMIA

Tänään

Toivon sinulle voimaa
pitää huolta itsestäsi.
Rehellisyyttä
itsesi kuulemiseen.
Uskallusta taistella
itsesi puolesta.

Rohkeutta olla heikko,
olla tallomatta itseäsi.

KEVENNYSTÄ

Mies avaa mökin oven.
Ulkohuussiin on matkaa.
Ei sinne saakka
ehdi kävellä,
liian kova hätä.

Keventää rakkonsa
pihakoivun juurelle.
Olo helpottuu
mutta sukat kastuvat.
Maa taitaa olla kuivaa,
ei ole tullut sadetta.

Märät jalanjäljet
käytävältä huoneeseen.
Käytävällä kiiltää
tuore lammikko.

MINÄ OSAAN

Anna minun tehdä
virheitä.
Salli minun
käyttää loppuun
viimeiset taitoni.
Älä tee kaikkea puolestani.

Osaan itse.
Hitaasti,
epätäydellisesti,
osittain.
Osaan ja pystyn.

En tarvitse apua
kadottaakseni kaiken.

RAKKAUS

Surullista,
ettei rakkautta
koskaan mainittu.
Ei siitä kerrottu,
ei sitä näytetty.
Itse piti rakkaus löytää,
salata ja vaieta.

Liian myöhään
sen osasi
sanoiksi soveltaa.
Kyllä minä rakastin.

HYVÄSTELY

Hyvästely on raskasta
silloinkin,
kun se on
helpotus,
kärsimyksen loppu.

MUISTAN JOSKUS

Muistan joskus, joskus en.
Sanonpa vain sen,
että eipä tuo haittaa!
Voinhan aina laittaa
asioita menneitä mieleni mukaan,
ei niitä kuitenkaan muista kukaan.
Kunhan ei kysytä kahta kertaa samaa,
ettei ole mihin vertaa
ensimmäistä muistoa,
jos toiseen tuleekin luistoa.
Ja voinhan toki sanoakin
   - Mitä sinä siinä kyselet?
   Mieti itse vai onko niin
   että sinä, ressukka, muista et?

VATSAMUISTI

Samaa vitsailua
monta kertaa päivässä.
Toisinaan se auttaa,
päivä jatkuu hetken
ilman riitaa.
Sinua naurattaa,
hyvä niin!
Unohdat hetkeksi mainita,
ettet ole saanut ruokaa
koko päivänä.

Lähdit äsken ruokapöydästä,
söit kaksi suurta annosta.
Kiitit kauniisti,
röyhtäisit kuuluvasti,
sanoit syöneesi vähän liikaa.

Se vain unohtui.
Vatsallasi on
puolen minuutin muisti.
Kohta on taas ruoka-aika.

ROOLIT

En pystynyt enää.
En jaksanut, osannut.
Lopulta en edes tahtonut
hoitaa.

Äiti, joka olit,
katosi vuosia sitten.
Lujasti vain pidimme
muistoista kiinni.

Ei minusta ollut
äidiksi äitiäni
hoivaamaan,
eikä sinusta
lapsesi lapseksi.

Syyllisyys,
väärät odotukset
syvällä molemmissa.
Mahdottomuus
ei toimi.

LUOPUMINEN

Helpompi päästää
lapsi maailmalle,
kuin luopua
omasta lapsuudesta.
Vanhemmista,
jotka ovat olleet aina.

ILOLLE TILAA

- Moi! Täällähän sinä oletkin,
huikkaan ja sanon nimesi.
Silmiisi nousee ilo,
vastaat tervehdykseen kättäsi nostamalla.
- Mitä kuuluu?
Mietit hetken.
Alat pulista, kuin perunakattila liedellä.

Sanoja etsit,
joistakin saat otteen,
jotkut muuttuvat matkalla, pulppuavat
tuntemattomina.
Hämmennystä.
Huolta.

Vastaan, kuin olisin ymmärtänyt.
Helpotus.
Sokkeloinen sanakattila jatkaa porinaansa.
- Oho! Ihan totta?
  Ai, kamala! Ei välitetä siitä!
  Hyvinhän me aina pärjätään.
Huomaat, että kuuntelen.
Alat nauraa.
Nauran kanssasi.

Aina on tilaa ilolle,
vaikka ei tietäisi sen aiheuttajaa.

TUHKA

Teen osani
kierrätyksestä,
kun ruumiini jäänteet
tuhkana lentävät
tuulen mukana.

Yhtä pyydän:
Valitkaa
hyvän tuulen päivä!

VÄRIT

Koti on keltainen mökki
tai punainen
mutta ei tiilestä seinät.
Mustavalkoinen kissa.
Toissa päivänä se oli harmaa.
Ei omenapuita
vaan marjapensaita.
Punaisia marjoja,
eilen vielä sinisiä.
Vihreää ruohikkoa
jokaiselle päivälle
läpi elämän.

TOISTOA

Samat kysymykset,
vastaukset
ja selitykset.
Tunnista tuntiin,
kuukaudesta toiseen.
Vuosia vielä,
jos niitä on jäljellä.

MAALIVIIVA

Lakastuneet askeleet
loppua kohti.
Nurkan takana
viimeinen maaliviiva,
jonka jälkeen
vain ääretön tyhjyys.

Viimeiset askeleet
kaikkensa antaneena
Kesken
loppuun eletyn elämän

ME TOO

Tiedotusvälineet täynnä
samaa asiaa
- *ME TOO*

Kielletty alue.
Ei saa koskea.
Intimiteettisuoja.
Henkilökohtainen raja.
- *ME TOO*

Muistamattomat nousevat
barrikadeille huutamaan
- *ME TOO*

Tunnemuisti
muisto
ahdistus.
Joku koskee luvatta.
- *ME TOO*

Miksi
riisutaan vaatteet,
suihkutetaan,
pestään,
kuivataan,
rasvataan?

EI SAA KOSKEA!

HOIDETAAN

Hoitaja hoitaa
aikaisin aamusta myöhäiseen iltaan.
Hoitaminen jatkuu vielä unissaan.
Pyykit pestään, hoidetaan tiskit,
asukkaille iltawhiskyt.
Pyyhitään pöydät, viedään roskasäkit,
lakanat vaihdetaan ja puhtaat täkit.
Vessojen puunaus tuttua on
- riennä jo ruoanlaittohon!

Hoitaja pesee pyykkiä yöllä,
ketään ei hellitä vähällä työllä.
Sohvalla, tuolilla kakka ja pissa,
yölläkin riittää puunaamista.
Aamuisin liedellä puuro ja keitto,
vuorojen välissä kämmenen heitto.
Raporttiaika on hiljainen,
koneelta hoitaja lukee sen.

Mitä tässä siis hoidetaan?
No, ihan hoivakotia vaan!

SALASSAPITO

Täytyy ymmärtää ja kestää
jokainen lyönti, potku,
ilkeä sana,
uhkailu, vihjailu
ja kouriminen.

Ammatillinen ote kaikessa.
Hymyile,
kuiskaa korvaan,
ohjaa ystävällisesti.

Tietenkin se sattuu.
Täytyy vain muistaa,
sairaus siinä jyllää,
ei mitään henkilökohtaista.
Kipu ei saa näkyä.
Mustelmat, naarmut,
ja ruhjeet peitettävä.

Pelko on pidettävä salassa.

DRAAMAA

Millä mitataan
kenelle oikeassa oleminen
on raskaampaa?
Hoitajalle, omaiselle
vai sille hoidettavalle,
joka on paikalla
muttei läsnä.

Entä
jos kukaan ei ymmärrä
tämän kolmiodraaman
kokonaisuutta?
Jos ei ole oikeaa ja väärää,
ei ole kolmiota.
Draama ei silti katoa.

SUPERSANKARI

Uupumus murskaa,
sielu tyhjiötä tyhjempi.
Itsepetoksen harha
vaatii jatkamaan.
Vahvuus kantaa,
heikkoa rangaistaan.
Väsymys ei armahda.
Uni vierailee pikaisesti
eikä pelasta ketään.
Supersankari
putoaa korkealta
kesken nousukiidon.

OMAISENA

Vaikea hyväksyä, että muuttuu
heikoksi autettavaksi.
Vanhempi, joka tiesi kaiken.
Lapsi,
itsekin vanhuuden kynnyksellä.
Alati syyllinen olo
pitää ikuisesti lapsena.

Niin huudan hoitajalle,
joka ei tiedä.
Vitsaa ei ole säästetty,
kintuille se ropisi.
Vyöllä pakaroille,
kämmenellä poskille.

Pelkoani huudan.
Vieras ei ymmärrä
vahvuutta heikkouden takana.
Vielä nousee luinen käsi
tukistamaan hiustupon irti,
antamaan luunappisarjan otsalle,
kun kukaan ei näe.

Anteeksi!
Kotiasioista ei saa
puhua vieraille.

ODOTUSTEN LOPPU

Olemme tarpeeksi vanhoja
häviävän pienen hetken
ennen kuin olemme liian vanhoja.
Siihen hetkeen tähtäämme
täynnä odotusta
lapsuudesta saakka.
Hetkeen, jolloin
odotukset loppuvat.

UNESSA

Unessa muistin,
kuolleita kaikki,
vaikka siinä niin elävinä
unieni tarinassa touhusitte.
- Kai te tiedätte,
  että kuolitte kauan sitten?
Hymyilivät vastaukseksi
vinoja suupieliä.
Ja taas olin se,
joka hölmöjä kysyy,
jolle ei tarvitse vastata.

ÄITI

Avasin ikkunat sieluasi varten.
Hetken se vielä pyöri huoneissa
ennen kuin lennähti ulos.
Istuin odottamassa
vanhalla sohvalla
liikenteen ääni seuranani.
Ei tullut ketään.

Ilman sielua
makasit ruumishuoneella
valkoisen paperilakanan alla.
Kylmää poskea silitin,
hiuksia oikaisin otsalta.
Toivotin hyvää matkaa.
Olisi pitänyt tuoda lämpimiä vaatteita.

Vahtimestari seisoi sivummalla,
pyrki puhumaan päälle.
- Kaunis ruumis, eikö olekin?
Muutakin sanoi, halusi häiritä keskustelua.
Hermostunut, ajattelin
ja jatkoin puhumista.

\- Kauniimpi olit elävänä, äiti,
  lämpimämpi monin tavoin.
  Yritän hoitaa asiat oikein.
  Meillä on sinua ikävä.

Ihan kuin puhelimessa olisi puhunut.
Vahtimestari odotti
kärsimättömänä vuoroaan.
\- Täytyy taas mennä.
  Heippa sitten, äiti,
  jutellaan myöhemmin lisää.

Ulkona syksy kylmä aurinko.
Katseeni etsi,
mutta sieluasi ei näkynyt.

YÖHOITAJA

Mitähän yökkö harrastaa,
sillä on paljon vapaata aikaa?

No, ensin se nukkuu, sitten se syö.
Sen rytmi aina hukkuu,
on käännettävä päivä ja yö.
Unta se etsii päivää monta,
on yökön elämä unetonta.
Siinä kuluukin viikon vapaa
aina ihan samalla tapaa.
Syö ja nukkuu, nukkuu ja syö,
kunnes taas koittaa valvontayö.

Kaikki hetken on helpompaa,
kun vapaat jälleen lopettaa.
Rytminsä saa taas kääntää,
mutta vatsassa vääntää.
Taas jäi kaikki tekemättä,
rakkaat ihmiset näkemättä.
Koti on edelleen kurjassa kunnossa,
syyllisyys painaa omassatunnossa.

Vapailla kuuluu vain toipua töistä,
monin tavoin raskaista öistä.
Vapailla aikaa on hengähtää,
jaksaa sitten taas öitä viettää
kanssa ihmisten sairaiden
ja kestää hajua eritteiden.

Hyvää yötä kaikille
öisiä huoneita kiertäville,
vapaalla töistä toipuville,
vuorokausirytminsä kadottaneille!

HAUTAUSMAA

Tänäkään vuonna en käynyt siellä,
paljon oli kaikkea lähtöni tiellä.
En tuonut kynttilää lämmittämään,
en yhtään havua peitoksi,
en vain pystynyt lähtemään.
Voitteko antaa taas anteeksi?
Rakastan ja kaipaan kyllä!
Rankaisen itseni syyttelyllä
juuri niin kuin opetettiin
suhtautumaan heikkouksiin.

Kolkuttakaa omatuntoa niin että itken,
hakatkaa ja potkikaa tai itke en!
Siis nauttikaa, vielä päivä koittaa,
jolloin kuolema minutkin voittaa.
Tuhkani lentää tuulen mukaan
eikä mistään syyllistää enää voi kukaan

Nyt saunoa pitää ja nähdä sukua,
pukea ylle juhlavaa pukua,
syödä, juoda ja nauraa hetki
tehdä pieni autoiluretki.
Lahjojen vientiä, lahjojen hakua…
(alkaako olla jo selityksen makua)
Iloa, valoa, halausta,
lämpöä, ääntä ja oivallusta.

Liikaa on elämää ympärillä
Ei ehdi nyt kuolleita hellitellä.
Levätkää, kaikki te, rauhassa
ahtaassa sukulaishaudassa.
Lämmöllä teitä muistelen
äärellä glögin mausteisen.

TOIVE

Mumisemalla rukoili, tuskin kuuluvasti.
Kädet ristissä sylissä.
- Tahtoisin päästä…. hae luoksesi…

Empaattiset hoitajat
rukoilijaa katsoivat.
Kuuntelivat viikon, toisen.
Auttaa tahtoivat ja
poistaa tuskan moisen.

Yrittivät piristää
- Onhan monta syytä elää!
Kuolo tulee, kun se ehtii.
Ei auta, vaikka kiirehtii.
Taivaaseen sut Herra noutaa,
kunhan kiireiltänsä joutaa.

Hoitajiin loi vinon katseen,
suu kääntyi kuin nauraakseen.
- Puhelin on rikki mennyt,
sillä soittaa voi mä en nyt.
Telepatialla koitan
yhteyden saada ja
tekniikan huonon voitan!

Tahtoisin niin kovin päästä,
aivan riippumatta säästä,
oikein kunnon ajelulle,
avoautolla cruisailulle.
Enkä todellakaan taivaaseen
vaan pojan luokse Espooseen!

HUOLELLISUUS

Suru ei kuole
ei itku
ei ikävä.
Ei lopu hammasten kiristys,
vaikka louskuvat proteesit
putoavat syliin,
kun avaa suun.
Huolellisesti hoivataut murheet
sukupolvesta toiseen
ikuisesti.
Ei ole huoletonta aikaa,
huolellisuus pitää hengissä.
Loppuuko kesken
leipä ja terveys?
Ei saa kuolla kesken elämän.

TAVOITE

Jalat tärisevät kynnyksellä.
Sormenpäät kulkevat seinäpintaa,
sumuinen katse lattiassa.
Selkä ei suoristu,
jalat eivät ojennu.
Kysymysmerkiksi muuttunut
itseään kannustaa
- Onnistuhan nyt!
Saman kynnyksen ylittäminen
kerta kerralta vaikeampaa.
Korkeimpana tavoitteena
pystyssä pysyminen.

MUUTTO

Halusivat minut turvaan.
Pakkaavat vaatteitani matkalaukkuun.
Keittivät kahvia,
kaatoivat kuppiin valmiiksi,
kaksi palaa sokeria
tassille.
Ottivat korppuja kaapista ja
selittivät toisilleen,
kuinka hyvä ratkaisu.
Kastan korppua kahviin.
Ikkunasta näkyy piha,
kantavat autoon yöpöydän
ja nojatuolin.
Olisin siinä vielä istunut,
hyvä tuoli, jonka istuimen
oma takamus muokannut.
Pakkaavat pian minutkin.
En minä sinne muuta,
kotini on täällä.
Tänne palaan takaisin.

SINKOILUA

Tämä käsittämätön kiire,
kun ajatukset eivät pysähdy
vaan rönsyilevät ympäriinsä.
Ei rauhaa.
Säikkynä sinkoudun
tilanteesta toiseen.
Missä on se umpikuja,
johon voin juurtua?

SUURET SANAT

Huoli-ilmoitus
Palvelutarpeen arviointi
Hoitosuunnitelma
Omavastuu
Hoitotakuu
Kotikäynti

Keitän kahvit ja kysyn,
missä on
itsemääräämisoikeus,
kun elämää ei saa jatkaa
rauhassa loppuun saakka?
Voi vain valita
oman kuivan pullasiivun
tarjolla olevien joukosta.

Suuret ovat sanat
- kaikki merkityksettömätkin.

KUKA HALUAISI

Kohtele muita
niin kuin haluaisit
itseäsi kohdeltavan.

Kuka haluaisi auttaa minua
kuuntelemaan rockin räminää,
lukemaan tähtikarttoja,
keksimään hauskoja sanoja
ja laskemaan
viimeisen illan
viimeisiä auringonsäteitä?

KILTTI TYTTÖ

Loppuun saakka
hyvä lapsi,
kiltiksi kasvatettu.
Pidä kädestä kuolemaa.
Kuiva, viileänä värisevä iho.
Muista sen tuntuma.
Vuorosi on seuraavana.

JÄLJELLÄ

Kirkastuva aamu
ja valoisa päivä
kiiruhtivat ohitse.
Jäljellä enää
elämän hämärä ilta
ennen loputonta yötä.

TULEVAISUUS

Kuka hoitaa hoitajana ollutta,
olenko vain taakka?
Vetoanko ammatilliseen osaamiseeni,
olenko se, joka tietää aina paremmin?
Olenko kolmoshuoneen rasite
vai seiskan huomionhakuinen,
joka luulee olevansa ainoa autettava?
Vaadinko,
käskytänkö,
huudanko,
lyönkö?

Entä jos en osaakaan olla
hyvä hoidettava
ja täytyykö minun osata?